RÉPONSE
AU MEMOIRE
DES
GARDES DU CORPS.

A PARIS,

De l'Imprimerie de JEAN-BAPTISTE COIGNARD Fils,
Imprimeur du Roy. 1724.

AU ROY.

IRE,

LES Officiers des Gendarmes & des Chevaux-Legers de vôtre Garde ordinaire, se flattent que VôTRE MAJESTE' ne les regardera pas comme les auteurs de la contestation qui s'est élevée entre eux & les Officiers des Gardes du Corps. Vous n'aurez point oublié, SIRE, qu'au voyage de Reims, dans la marche de Soissons à Fismes, un Lieutenant des Gardes du Corps entreprit de disputer au feu Prince de Soubize la place à la portiere gauche de vôtre Carrosse, pendant que celle de la droite étoit occupée par le Duc

A

d'Harcourt Capitaine des Gardes en quartier, l'un & l'autre étant montez à cheval par ordre exprès de VôTRE MAJESTE'.

Ce fut là, SIRE, ce qui fit naître la difficulté entre des Corps, qui, animez du même zele, attachez aux mêmes devoirs, ne peuvent se rien disputer les uns aux autres, qu'autant que la gloire de vous servir les interesse.

Cette difficulté fut portée à feu Monsieur le Duc d'Orleans ; les Officiers des Gardes du Corps prétendirent que les places aux portieres du Carrosse de Vôtre Majesté leur appartenoient à l'exclusion de tous autres ; & comme il étoit notoire qu'elles avoient été occupées par les Officiers de vos deux Compagnies, conjointement avec ceux des Gardes du Corps, toutes les fois que le service de la Garde les avoit rassemblez, ils se retrancherent à dire que c'étoit un effet de leur politesse, & non un droit des Officiers des deux Compagnies. Ils présentérent même un Memoire à Monsieur le Duc d'Orleans, qui après avoir entendu les raisons des Officiers des deux Compagnies, décida provisionnellement qu'ils seroient admis à la portiere suivant l'usage, sauf à eux de croire que c'étoit un droit de leurs Charges, sauf aux Officiers des Gardes du Corps de penser que c'étoit un effet de leur politesse.

Cette décision est certaine ; ce qui en fait la preuve, c'est qu'elle a été executée. Le Prince de Soubize prit place à la portiere du Carrosse de Vôtre Majesté toutes les fois qu'il monta à cheval, en la suivant au retour de Reims à Paris ; d'ailleurs elle a été articulée dans un des Memoires presentez à Monsieur le Duc d'Orleans lui-même.

Un jugement aussi sage devoit terminer la contestation ; mais les Officiers des Gardes du Corps la renouvellerent, en disputant au Duc de Chaulnes la place de la portiere, lorsque Vôtre Majesté vint de Versailles à Paris, pour tenir le Lit de Justice de sa Majorité.

Les Officiers des deux Compagnies se crurent alors obligez de répondre par écrit au Memoire que les Officiers des Gardes du Corps avoient donné à Reims. Il en a été depuis presenté deux de chaque côté ; la matiere paroissoit épuisée, & l'on étoit convenu de part & d'autre de ne pas écrire davantage. Mais lorsqu'il a été question du voyage de Chantilly, les Officiers des Gardes du Corps ne se sont pas trouvez suffisamment deffendus, ils ont demandé du tems, ils ont crû devoir rassembler sous un même point de vûë, dans un nouveau Memoire, les principales raisons, sur lesquelles ils se fondent, ils les ont même renduës publiques par l'impression. Les Officiers de vos deux Compagnies suivront leur exemple, SIRE, c'est à ce Memoire qu'ils se proposent de répondre. Ils le feront avec simplicité, ils attendront ensuite la décision de Vôtre Majesté, & la recevront avec autant de soûmission que de respect.

La dissertation sur l'origine des Gardes du Corps, & sur la question de sçavoir si dès leur établissement ils ont été gens de guerre, est absolument étrangere au point sur lequel il s'agit de statuer. Il n'est pas plus essentiel d'approfondir l'origine des Gendarmes & des Chevaux-Legers, ni de distinguer les temps dans lesquels ils n'étoient que Compagnies d'Ordonnance, d'avec ceux où ils ont été admis à la Garde ordinaire de nos Rois.

On pourroit dire cependant sur le premier point, que la relation faite par Philippes de Comines de la Bataille de Fornoüe, ne prouve pas que les Gardes du Corps fussent gens de guerre. Ils y étoient à la suite de Charles VIII. qui se trouvant dans une situation très-pressante, obligé de s'ouvrir un passage au milieu d'une multitude d'ennemis fort superieurs en nombre, se servit de tous ceux qui étoient en état de porter les armes.

Il en est de même de la Bataille d'Agnadel, où Loüis XII. étoit en personne.

S'il est rapporté dans les Memoires de Fleuranges, que les Archers de la Garde ayent eu part à la Bataille de Ravennes, il faut que leur service dans les Armées ait été rare, & pour ainsi dire, momentané, puisque du regne de Loüis XII. jusques après la majorité du feu Roy, on n'a point entendu dire, que, ni les Archers de la Garde, ni les Gardes du Corps se soient trouvés à aucune action de Guerre.

Les Officiers des Gardes du Corps, sont eux-mêmes convenus qu'ils n'avoient pas été établis gens de Guerre, ils s'en sont fait un moyen, pour prouver l'assiduité de leurs fonctions dans le service de la Garde, ils ont dit dans leur troisiéme Memoire, *qu'ils n'étoient point au nombre des Troupes de Guerre, qu'ils n'y alloient que pour y sui-vre, & y garder les Rois, jusques au Reglement fait par Loüis XIV. en 1665, qui les a mis au nombre des Troupes de Guerre.* Les Officiers des Gendarmes & des Chevaux-Legers ont parlé de même, & n'en ont pas dit davantage, il semble cependant qu'on veüille leur en faire un crime, le reproche est-il juste, & sur ce fondement, peut-on leur imputer d'avoir voulu augmenter la bonne opinion qu'on a d'eux aux dépens d'un Corps, dont ils publieront toûjours le zéle & la valeur avec d'autant plus de joïe, qu'ils en ont été de plus près les témoins.

Sur l'origine des deux Compagnies, on pourroit dire encore qu'avant que d'être admises à la Garde de nos Rois, elles étoient de ces Compagnies d'Ordonnance, que l'on a toûjours regardées comme les premieres Troupes du Royaume, comme la plus ancienne & la plus noble partie de la Milice Françoise, que lorsqu'Henry IV. & Loüis XIII. jugerent à propos de les approcher de leurs personnes, ce fut avec les mêmes Privileges, (*a*) que les deux cens Gentilhommes de la Maison du Roy, qui étoient appellez la grande

(*a*) Lettres patentes données a Tours en May 1593. Memorial KKKK. fol. 221. V.

(*a*) Le P. Daniel, Hift. de la Milice Françoife, Tome 2. pag. 221.

(*b*) Reglement du 19. Octobre 1652. Le feu Roy confirme aux Gardes du Corps, leur place derriere fon Carroſſe : les Gendarmes y font nommés les premiers, & fa Majefté décide que toutes les fois que le terrain le permettra, ils marcheront à même hauteur que les Gardes du Corps & prendront la droite fur eux.

(*c*) De chaque Compagnie des Gardes du Corps compofée de 360. Maîtres, il n'y en a que cent qui foient Commenfaux de la Maifon du Roy.

Garde du Corps, (*a*) par oppofition aux Archers, qui n'étoient que la petite Garde ; que dans les Reglemens qui ont précedé celui du 15 Decembre 1665. Les Gendarmes & les Chevaux-Legers étoient nommez avant les Gardes du Corps, qu'ils avoient la droite (*b*) dans les revûës des Troupes de la Garde (*c*) qu'ils font tous Commenfaux de Vôtre Maifon, SIRE, qu'ils Vous ont pour Capitaine, & qu'à ce titre, ils joüiſſent de la diftinction finguliere, de porter leurs Etendarts, jufques dans la rüelle du Lit de Vôtre Majefté toutes les fois que les Compagnies fe féparent.

Mais qu'il foit permis de le repeter, ces Differtations font fuperfluës. Que les Gardes du Corps occupent, ou n'occupent pas la place des anciens Archers de la Garde ; Que ces anciens Archers fuſſent ou ne fuſſent pas gens de Guerre ; Que d'un autre côté les deux Compagnies foient de création plus ou moins ancienne ; Qu'elles tiennent ou ne tiennent pas la place des deux cens Gentilhommes de la Maifon du Roy, tout cela eft étranger à la queftion, & le droit de marcher à la portiere du Carroſſe de Vôtre Majefté dépend d'autres principes, qui feuls peuvent conduire à la décifion.

Une propofition certaine, & qui ne peut être contredite, SIRE, eft que les Gendarmes & les Chevaux-Legers font de la Garde ordinaire de Vôtre Majefté. Il eft vrai que les Gardes du Corps ont auprès d'Elle un fervice plus intime & plus affidu, que n'eft celui des deux Compagnies, ils font Gardes à pied & à cheval, leurs fonctions s'étendent également au dedans & au dehors ; les Gendarmes & les Chevaux-Legers n'ont de part qu'à la Garde à cheval, & dans l'exterieur du Palais, mais il ne font pas moins vos Gardes, SIRE, ils font obligez par la nature de leur fervice d'être toûjours prêts à vous fuivre au premier fignal, & lorfque dans les voyages, dans les ceremonies, & dans toute autre occafion, ils font appellez à leurs fonctions, ils ne le font que pour garder la Perfonne de Vôtre Majefté.

Les deux Compagnies dans les Brevets de leurs Officiers, dans les Lettres de Vôtre Majefté aux Commandants, dans les Etats de la Chambre des Comptes & de la Cour des Aydes, font qualifiées *Compagnies de deux cens hommes d'armes, & de deux cens Chevaux-Legers fervants à la Garde ordinaire de la Perfonne du Roy*, la nature de leur paye, dont partie eft ordinaire pour toute l'année, & partie extraordinaire pour leur fervice de Garde, l'ufage où elles font d'envoyer tous les matins un Gendarme & un Chevaux-Leger de quartier pour recevoir l'Ordre, l'attention avec laquelle Vôtre Majefté, à l'exemple des Rois fes Predeceſſeurs, veut bien le donner Elle-même, l'obligation de leurs Officiers de prendre le mot tous les foirs, tout démontre la verité de la propofition, que les deux Compagnies font partie de la Garde ordinaire de Vôtre Majefté.

De cette propofition il en refulte une feconde. Les deux Compagnies

pagnies sont chargées de veiller à vôtre sûreté , SIRE , & de re-
pondre de vôtre Personne , lorsqu'elles sont en fonction auprès de
Vôtre Majesté. C'est dans cette vûë que la Garde des Rois a été
établie , & si la dignité du service a quelque part au concours des
differentes Troupes qui la composent, il n'est pas douteux que la sûreté du Prince n'en soit le premier & le principal objet ; il n'y a aucun de
ceux qui ont l'honneur d'être admis à la Garde , qui ne doive être
penetré de cette verité , comme d'une maxime qui ne peut être re-
voquée en doute , & qui ne reçoit point d'exception.

Qui croiroit en effet en voyant les Mousquetaires tenir l'avant-
Garde, les Chevaux-Legers préceder immediatement le Carrosse de
Vôtre Majesté , les Gardes du Corps le suivre , & les Gendarmes
fermer la marche , que ces differentes Troupes ne fussent pas toutes chargées de veiller à vôtre sûreté , & que le Guet des Gardes
du Corps , qui dans ces occasions ne fait que la plus petite partie de
la Garde , dût seul répondre de vôtre Personne.

C'est ce qui ne peut être raisonnablement imaginé ; ainsi la propo-
sition est incontestable , que les deux Compagnies , ayant l'honneur
de partager la Garde de Vôtre Majesté , sont necessairement chargées de veiller à sa sûreté , & de répondre de sa Personne.

Il en est une troisiéme aussi certaine que les deux premieres ; le
service de la Garde exige que les Officiers superieurs des differens
Corps qui la composent, laissent la conduite de leurs Troupes aux
Officiers inferieurs , pour s'approcher de la Personne du Roy ; &
cela par deux motifs.

Leur principal devoir est de veiller à vôtre sûreté , SIRE , &
pour le remplir avec exactitude , ils doivent être le plus près de
Vous qu'il est possible , c'est le premier motif.

Le commandement general de la Garde n'étant qu'entre les mains
de Vôtre Majesté , les Officiers d'un Corps ne commandants point
à l'autre , il est necessaire que les Officiers superieurs de chaque
Troupe , pour faire executer les Ordres que Vôtre Majesté seule
peut donner , soient à portée de les recevoir ; c'est le second motif.

Quelques dissertations que les Officiers des Gardes du Corps fas-
sent sur ce point , ils n'imagineront jamais d'autre raison qui les
authorise à quitter la tête de leur Troupe pour se placer à la portiere du Carrosse de Vôtre Majesté.

Ces raisons sont communes aux Officiers des deux Compagnies ,
ils vous gardent , SIRE , ils veillent à vôtre sûreté, on vient de le
démontrer ; & tout le monde comprend aisément que chargez comme les Officiers des Gardes de faire executer vos ordres , ils doivent
être également à portée de les recevoir.

Les places auprès de la portiere doivent donc être occupées par
les Officiers superieurs des deux Compagnies conjointement avec

ceux des Gardes du Corps, il n'eſt plus queſtion que de ſçavoir quel eſt le rang que chacun d'eux y doit tenir. C'eſt ce qui dépend d'un principe bien ſimple, & que des gens de guerre, tels que ſont tous ceux qui ont part à la Garde, ne devroient pas diſputer.

Ce principe eſt qu'entre Officiers que le même ſervice & les mêmes fonctions raſſemblent, le grade ſeul décide du rang que chacun d'eux doit garder, s'il n'y a point de loy particuliere qui y déroge.

Cette maxime eſt un des principaux fondements de la diſcipline Militaire ; s'en éloigner, ce ſeroit détruire l'ordre obſervé de tout temps dans les Troupes ; il en pourroit naître une infinité d'inconveniens ſur leſquels il eſt inutile de s'étendre, ils ne ſont que trop ſenſibles, & c'eſt principalement pour les prévenir dans le ſervice de ſa Maiſon, que le feu Roy a fait le Reglement de 1665. (a) Reglement qui eſt dans la forme la plus authentique, qui entre dans le plus grand détail, dont tout le monde reconnoît l'autorité, & auquel les Officiers des Gardes du Corps ſont redevables de l'avantage dont ils joüiſſent aujourd'hui d'avoir la droite ſur les Gendarmes & les Chevaux-Legers, & de les préceder en toute occaſion ; ce Reglement confirmé par celui de 1667. en établiſſant, SIRE, le rang que chacun des Officiers de vôtre Maiſon doit tenir, défere toûjours le premier à celui qui a le grade ſuperieur.

Qu'on ne diſe point que ce Reglement ne regarde que le ſervice des Armées ; il eſt general, il eſt indéfini, il embraſſe tout, il ne diſtingue point le ſervice de l'Armée d'avec celui de la Garde, & où la Loy ne diſtingue point, il n'eſt pas permis de diſtinguer. Il eſt donc hors de doute que le Reglement de 1665. s'applique également au ſervice de la Garde & au ſervice de l'Armée, & que par conſequent le grade ſeul peut décider dans l'un & dans l'autre du rang que chacun doit tenir.

Ces quatre propoſitions, SIRE, qui ſuivent neceſſairement l'une de l'autre, qui tirent leur force de leur ſimplicité, & qui degagées de tout art, & de toute équivoque, ne preſentent que le vrai & le ſolide, ſoit dans les principes, ſoit dans les conſequences, établiſſent manifeſtement le droit des deux Compagnies.

Elles viennent de démontrer, SIRE, qu'elles ont l'honneur de faire partie de la Garde ordinaire de Vôtre Majeſté ; de-là naît l'obligation de veiller à vôtre ſûreté, & de répondre de vôtre Perſonne; cette obligation & celle d'être toûjours à portée de recevoir les ordres de Vôtre Majeſté impoſent à leurs Officiers la neceſſité de partager avec ceux des Gardes du Corps les places de la portiere, & quand ces places ſont occupées concurremment par les uns & par les autres, le grade ſeul peut décider du rang qu'ils y doivent tenir.

Ces veritez trouveront de nouvelles lumieres dans les réponſes qu'on ſe propoſe de faire aux differentes objections répanduës dans le Memoire des Gardes du Corps. Les deux Compagnies rapporteront en même-temps les preuves de la possession constante de leurs Officiers, possession qui seule leveroit tous les doutes, s'il pouvoit en rester encore après les principes qu'on vient d'établir.

Les Gardes du Corps, S I R E, se prétendent seuls Gardes de Vôtre Majesté, l'une des principales raisons sur lesquelles ils se fondent est le nom de Gardes du Corps.

En verité il est difficile de comprendre que le nom de Gardes du Corps puisse exclure de la Garde de Vôtre Majesté ceux qui ont la gloire de porter le tître de Gardes ordinaires de vôtre Personne, s'il y a quelque difference entre les noms, elle ne tombe pas sur l'essentiel, c'est-à-dire sur le terme de Gardes, ils sont tous appellés Gardes, les uns Gardes du Corps, les autres Gardes ordinaires de la Personne, & quiconque voudra raisonner sans prévention ne distinguera jamais le Garde du Corps, d'avec celui de la Personne.

Quand aux fonctions de la Garde, tout le monde sçait que les Gardes du Corps les ont toûjours partagées avec d'autres, soit à pied, soit à cheval.

La Garde à cheval avec les deux cens Gentilhommes de la Maison du Roy, comme ils la partagent encore aujourd'hui avec les Gendarmes, les Chevaux-Legers, & les Mousquetaires.

La Garde à pied avec les cent Suisses, qui depuis leur institution y ont toûjours eû part, & qui se mêlent journellement avec les Gardes du Corps dans l'interieur du Palais.

Les Gardes du Corps voudroient tirer avantage du serment, ils observent que leurs Capitaines le prêtent entre les mains du Roy, & que seuls ils le prêtent l'épée au côté, que leurs autres Officiers & même les simples Gardes le prêtent entre les mains de leurs Capitaines, qui l'ont prêté pour eux au Roy ; ils ajoûtent que les Officiers des deux Compagnies ne le prêtent qu'entre les mains d'un Maréchal de France, & que les Gendarmes & les Chevaux-Legers n'en prêtent point.

Quand tous les faits qui composent l'objection seroient veritables, on ne pourroit en tirer aucune consequence pour la question de la portiere, cependant il ne sera pas inutile de les discuter.

C'est une distinction, S I R E, que de prêter serment entre vos mains, les Capitaines des Gardes en joüissent ; mais ceux qui le prêtent en d'autres mains, ne le prêtent pas moins à Vôtre Majesté (a) & n'en sont pas moins tenus des obligations attachées à leurs fonctions, qui sont, pour quiconque est admis à la Garde, de consacrer tous ses soins à la sureté de Vôtre Personne.

Les Gardes du Corps devroient se souvenir, que leurs Capitaines n'ont pas toûjours eu cet honneur ; ils ont prêté serment entre les mains d'un Maréchal de France, (b) ils l'ont aussi prêté entre les

(a) Les Provisions du Capitaine-Lieutenant des Gendarmes portent : *Considerant de quelle importance il est à nôtre service & à la sureté de nôtre personne . . . . . . après qu'il nous aura prêté le serment.*

(b) P. Daniel Histoire de la Milice Françoise, Tom. 1. page 175.

mains du Grand-Maître, (*a*) & dans ce tems ils n'étoient pas moins Gardes du Roy, qu'ils le sont aujourd'hui, ils n'étoient pas moins obligez de veiller à sa sûreté, de répondre de sa Personne ; ainsi ces avantages ne sont pas attachez à celui de prêter serment entre les mains du Roy.

Qu'on cherche donc d'autres raisons, pour refuser ces mêmes avantages aux Capitaines-Lieutenans des Gendarmes & des Chevaux-Legers, qui, à la vérité, ne prêtent pas serment entre les mains du Roy, mais qui le prêtent, comme faisoient autrefois les Capitaines des Gardes du Corps, entre les mains d'un Maréchal de France, à la tête de leurs Compagnies, où le Roy veut bien venir lui-même les faire recevoir.

Le Privilege de prêter serment, entre les mains du Roy, l'épée au côté, n'est pas particulier aux Capitaines des Gardes du Corps, & ne prouve rien en leur faveur ; le Maître des céremonies de l'Ordre du S. Esprit joüit du même honneur, quoique ses fonctions ne l'attachent point à la Garde de Vôtre Majesté.

Il y a toute apparence que l'usage, où sont les Officiers des Gardes du Corps de preter serment entre les mains de leurs Capitaines, vient de ce qu'autrefois chaque Capitaine des Gardes disposoit à son gré des emplois de sa Compagnie, & en donnoit les Provisions ; (*b*) mais quoiqu'il en soit, les Officiers des Gardes croyent-ils, que ceux des deux Compagnies qui prêtent serment entre les mains d'un Maréchal de France, ne soient pas aussi indispensablement attachez aux devoirs de leurs fonctions, que ceux qui ont prêté serment entre les mains de leurs Capitaines ; seroient-ils persuadez, que pour être chargez de veiller à la sureté de la Personne du Roy, il fût necessaire d'avoir prêté serment, ou entre les mains du Roi, ou entre les mains de quelqu'un qui se fût engagé lui-même par serment au Roy de répondre de sa Personne ? Le Chancelier de France ne répond pas des Places du Royaume, dont les Gouverneurs ont prêté serment entre ses mains, quoique chaque Gouverneur soit responsable de la Place qui lui est confiée ; les Capitaines des Gardes du Corps, comme on l'a déja observé, n'ont pas toûjours prêté serment entre les mains du Roy ; alors les Officiers qui prêtoient serment entre les mains de leurs Capitaines, ne le prêtoient point entre les mains de quelqu'un, qui l'eût prêté pour eux au Roy ; enfin le serment des Officiers des deux Compagnies est le même que celui des Officiers des Gardes du Corps.

Ils voudroient se faire un titre singulier du serment auquel chaque Garde est assujetti.

Mais les Gendarmes & les Chevaux Legers prêtent entre les mains de leurs Commissaires, le même serment que les Gardes du Corps, & s'engagent comme eux d'avertir de tout ce qui se passera contre la

Personne

Perſonne du Roy, ſon Service & ſon Etat. Il eſt juſtifié, par tous les Etats envoyez à la Chambre des Comptes, depuis l'établiſſement des Gendarmes & des Chevaux-Legers, que jamais ils n'ont été payez qu'après avoir prêté le ſerment en tel cas requis & accoûtumé.

•Il ne reſulte donc du ſerment aucune induction qui écarte les deux Compagnies du Service de la Garde, ni par conſequent qui puiſſe les exclure des prérogatives qui y ſont attachées.

Les Gardes du Corps tirent un troiſiéme avantage du Bâton qui eſt entre les mains de leurs Officiers.

Qu'ils le regardent comme une marque de Commandement, on y conſentira ſans peine, mais que cette diſtinction les autoriſe à exclure des premieres places, ceux qui ſans avoir le Bâton, ont droit par leurs Charges & par leurs fonctions de les occuper, c'eſt ce qui ne ſe peut ſoûtenir.

Le Grand Chambellan, les premiers Gentilhommes de la Chambre, le Grand-Maître & les Maîtres de la Garderobe, le Grand-Ecuyer, le premier Ecuyer ne portent point le Bâton, ils ne laiſſent pas d'avoir des places & des Commandemens auprès de Vôtre Majeſté, que jamais les Officiers des Gardes du Corps, ni beaucoup d'autres qui portent le Bâton, ne ſe ſont aviſez de leur conteſter.

Pourquoi donc les Officiers des Gendarmes, & des Chevaux-Legers, par la raiſon qu'ils ne portent pas le Bâton, ſeroient-ils exclus des places qui leur appartiennent, dès qu'ils ſont partie de la Garde ordinaire de Vôtre Majeſté dans laquelle on ne peut nier qu'ils ayent leurs fonctions, & leurs Commandemens.

Les Officiers des Gardes du Corps avancent qu'ils ſuivent Vôtre Majeſté ſans troupes, & que par conſequent ils ne peuvent être réputés de ſimples Officiers détachez pour commander une troupe, ſans laquelle ils n'ont plus de fonction.

A parler exactement, il n'y a point d'occaſion dans laquelle les Officiers des Gardes du Corps ſoient ſans troupes; eſt-il queſtion du dedans du Palais? Les avenuës en ſont gardées, les ſales ſont remplies par le Guet des Gardes du Corps toûjours à portée de recevoir les ordres de leurs Officiers; s'agit-il des dehors? Vôtre Majeſté part toûjours avec un détachement de ſes Gardes; & ſi pour la commodité du ſervice, Elle ordonne que ce détachement l'attende, les Gardes dans le poſte qui leur eſt déſigné, ne ſont pas moins cenſez être à vôtre ſuite, SIRE, & aux ordres de leurs Officiers; s'il arrivoit que les brigades de quartier des deux Compagnies ſe trouvaſſent en fonction, & que Vôtre Majeſté leur commandât de l'attendre à ſes Carroſſes où ailleurs, les Officiers ſuperieurs de ces deux brigades, qui les laiſſant aux Officiers ſubalternes, auroient l'honneur de vous ſuivre, pourroient-ils dire dans ce cas abſolument pareil, qu'ils fuſſent ſans troupes à vôtre ſuite? Le raiſonnement ne ſeroit pas juſte, il eſt aiſé d'en ſentir l'équivoque , & par conſequent l'induction que les Officiers des Gardes du Corps en tirent , tombe d'elle-même.

Mais quand il ſeroit vray que les Officiers des Gardes du Corps marcheroient quelquefois ſans troupes , ils n'en pourroient tirer aucun avantage contre les deux Compagnies , parce que leurs brigades de quartier ne ſont jamais employées auprès de Vôtre Majeſté que le Guet des Gardes du Corps ne le ſoit auſſi, & que le ſervice qu'ils ſont à pied , ou en particulier , & ſeparément des autres troupes de la Garde , ne peut faire la regle du ſervice commun de la Garde aſſemblée, en voici une preuve ſenſible.

Il eſt reglé que le Carroſſe du Roy doit être précedé par quatre Gardes du Corps, ce qui s'obſerve journellement. Cependant quand la brigade de quartier des Chevaux-Legers entre en fonction, les quatre Gardes ſe retirent , & cedent leurs places à quatre Chevaux-Legers, ou en leur abſence à quatre Mouſquetaires.

Cette difference du ſervice que les Gardes du Corps ſont en particulier, & de celui qu'ils partagent avec les autres troupes de la Garde , ſuffit pour démontrer que l'Ordonnance d'Henry IV. de 1598. & le Reglement du feu Roy de 1678. que l'on va diſcuter , ſont également étrangers à la queſtion.

L'Ordonnance d'Henry IV. ne porte autre choſe, ſi ce n'eſt que les Archers de la Garde, aujourd'hui Gardes du Corps, ſuivront le Roy toutes les fois qu'il ſortira de ſon Palais, au moins au nombre de vingt-quatre avec leurs hallebardes, qu'ils marcheront derriere en troupe & non à la file, le plus près de ſa Perſonne que faire ſe pourra , & que quand ils ſeront à cheval ils auront des piſtolets & javelines.

Si les Gardes du Corps ne citent cette Ordonnance que pour prouver qu'ils ont un poſte fixe derriere le Roy , ils ne ſeront pas contredits.

Mais s'ils veulent s'en ſervir pour attribuer d'autres places à leurs Officiers auprès de Vôtre Majeſté à l'excluſion de ceux,qui par le rang qu'ils ont dans la Garde , ſont en droit de les occuper, ce ne peut être ſans ajoûter à l'Ordonnance d'Henry IV. ce qui n'y fut jamais ; elle ne regarde que le ſervice particulier des Archers du Corps , la place qu'elle leur aſſigne eſt derriere le Roy , elle n'en donne point d'autre à leurs Officiers, il n'y eſt pas dit un mot des troupes qui partageoient la Garde avec eux , & les Gendarmes qui n'exiſtoient alors que ſur le pied de Compagnie d'Ordonnance, n'ont commencé à faire le ſervice de Garde ordinaire , que dans les premieres années du Regne de Loüis XIII.

Le Reglement de 1678. n'a pas plus d'application au fait dont il s'agit ; ſi au lieu de n'en rapporter qu'une partie, les Gardes du Corps l'avoient tranſcrit dans ſon entier, comme il eſt à la marge , (a) il ne ſeroit pas neceſſaire d'y répondre.

(a) Mon intention eſt que les Lieutenans & Enſeignes de mes Gardes

Le Roy n'y statuë que sur la maniere dont la place derriere son fauteüil doit être occupée par les Officiers des Gardes du Corps, ce qui ne regarde que le service à pied & l'interieur du Palais, dans lequel les Gendarmes & les Chevaux-Legers n'ont aucunes fonctions.

Il est donc certain que l'Ordonnance d'Henry IV. & le Reglement de 1678. ne regardant que le service particulier des Gardes du Corps, sont sans force & sans autorité, par rapport aux fonctions qui leurs sont communes avec les autres troupes de la Garde.

Les Gardes du Corps pour marquer la distinction de leur service citent l'exemple des revûës, ils disent qu'alors les brigades de quartier des Gendarmes & des Chevaux-Legers, & leurs Officiers vont joindre le gros de leurs Compagnies, au lieu que les Officiers des Gardes du Corps ne quittent point la personne du Roy.

Il en est des revûës, SIRE, comme des promenades, dans lesquelles selon l'usage journalier, le Guet des Gardes du Corps est à la suite de Vôtre Majesté, à la difference des brigades de quartier des deux Compagnies qui n'ont alors aucune fonction actuelle ; c'est l'unique raison qui fait que les uns rentrent, & que les autres ne rentrent pas dans le gros de la troupe ; si dans ces occasions les quartiers des Gendarmes & des Chevaux-Legers étoient appellez à leurs fonctions, leurs Officiers resteroient auprès de vôtre Personne, comme ceux des Gardes du Corps, & comme ils y restent eux-mêmes toutes les fois qu'ils partagent le service de la Garde.

Les Gardes du Corps font le même raisonnement sur ce qui se pratique à l'Armée ; ils avancent que quand les Cornettes s'assemblent les Gendarmes & les Chevaux-Legers n'ont plus de quartiers ; ils ajoûtent que si par la necessité des conjonctures, Vôtre Majesté étoit obligée de charger elle-même, leurs Officiers combattroient auprès d'Elle à la tête même des deux Compagnies, & que les Officiers des Gendarmes & des Chevaux-Legers ne pourroient se flatter du même honneur, si Vôtre Majesté chargeoit à la tête de ses Gardes.

On ne conçoit pas sur quel fondement les Gardes du Corps peuvent prétendre qu'il n'y ait plus de quartiers de Gendarmes & de Chevaux-Legers quand les Cornettes s'assemblent; en temps de guerre les brigades de quartiers des deux Compagnies demeurent auprès de la personne du Roy, & leurs Cornettes assemblées se rendent sur la frontiere ; si le Roy étant à l'Armée les brigades de quartier se joignent quelquefois à leurs Cornettes, elles ne cessent pas pour cela d'être brigades de quartier, elles reçoivent toûjours la paye extraordinaire de quartier; uniquement occupées du service du Roy & de ce qui peut y être utile, elles se réünissent pour y contribuer avec le gros des Compagnies, lorsqu'elles ne sont pas necessaires au service de la Garde, & dans ce cas même les Compagnies fournissent à la

Garde, foit qu'elle fe monte par efcadron ou par détachement ; mais les brigades de quartier font toûjours prêtes à revenir auprès de Vôtre Majefté, auffi-tôt que leurs fonctions les y appellent, elles vous fuivent, S I R E, en arrivant à l'Armée, quoi qu'alors les Cornettes foient affemblées, elles quittent la Cornette pour remplir le même devoir au départ de Vôtre Majefté, & toutes les fois qu'Elle juge à propos de les retenir auprès de fa Perfonne, comme elle fit à Reims, quoique leurs Cornettes fuffent au camp ; il n'y avoit rien en cela de contraire à la regle, Vôtre Majefté l'avoit ainfi ordonné, & cet ufage, quoi qu'on en puiffe dire, dépend abfolument de fa volonté.

On ne peut donc tirer aucun avantage contre les deux Compagnies de ce qui fe pratique à l'Armée. Il en eft de même que des revûës dans lefquelles leurs quartiers ne font pas en fonction actuelle pour le fervice de la Garde.

L'hypothefe propofée par les Gardes du Corps, fur la maniere de combattre dans le cas où Vôtre Majefté chargeroit Elle-mème, eft abfolument inutile, on ne fçait pas quels ordres elle donneroit, mais il n'eft pas douteux que fi dans cette occafion les quartiers des Gendarmes & des Chevaux-Legers faifoient fonction dans la Garde, leurs Officiers ne manquaffent effentiellement à leur devoir, s'ils quittoient un inftant Vôtre Majefté, & s'ils ne fecondoient de toutes leurs forces la fidelité & le courage des Officiers des Gardes du Corps, pour la confervation & la feureté de vôtre Perfonne.

Que les Gardes du Corps ayent un logement de préférence, & que les brigades de quartier des deux Compagnies ne prennent le Roy que dans l'avant-cour, cela prouve que les Gardes du Corps font les premiers dans la Garde, & que les Gendarmes & les Chevaux-Legers n'en rempliffent les fonctions que dans les dehors, mais cela ne prouve point que dans l'exercice de ces mêmes fonctions, on puiffe ôter à leurs Officiers les places qui leur appartiennent.

Les Gardes du Corps, S I R E, veulent bien ne pas refufer aux Gendarmes & aux Chevaux-Legers l'avantage de faire partie des troupes de vôtre Maifon, & de concourir à la Garde de vôtre Perfonne, ils ne le refuferoient pas, difent-ils, à toute autre troupe de Cavalerie, de Dragons & d'Infanterie, qui feroit appellée pour augmenter la feureté & la décoration de l'efcorte.

C'eft-à-dire, que fuivant le fiftéme des Gardes du Corps, les Brigades de quartier des Gendarmes & des Chevaux-Legers ne doivent être confiderées, quand elles font à la fuite de Vôtre Majefté, que comme de fimples efcortes ; mais comment cela pourroit-il fe concilier avec la dénomination que nos Rois leur ont toûjours donnée de *Compagnies de 200 hommes d'Armes & de 200 Chevaux-Legers fervants à la Garde ordinaire de Nôtre Perfonne.*

Quand

Quand les Dragons & les autres Troupes, avec lefquelles les Gardes du Corps affectent de les confondre, auront acquis la même dénomination & les mêmes fonctions, on paffera le parallele ; mais on ofe dire que jufques-là, il ne peut être ni jufte ni propofable.

Les Gardes du Corps concluent des Objections qu'on vient de refuter, que les regles du fervice perfonnel condamnent abfolument la prétention des deux Compagnies.

On ne peut s'empêcher de demander ici ce qu'on appelle regles du fervice perfonnel, fi les Gardes du Corps ont une décifion qui affecte à leurs Officiers les places des portieres à l'exclufion des Officiers des deux Compagnies, ils ont raifon, & la difpute eft finie ; mais comme il n'exifte aucun Reglement de cette efpece, il faut en conclure qu'en cette partie, il n'y a d'autre Regle dans le fervice perfonnel, que celle qui eft indiquée par la Loi générale, pour décider de la place & du rang.

Les Gardes du Corps fe flattent de trouver des reffources dans les maximes de la difcipline Militaire ; il faut examiner les inductions qu'ils en tirent.

Ils conviennent qu'à l'Armée les Troupes de Vôtre Maifon, SIRE, font fujettes aux regles, & aux ufages ordinaires, & que le grade décide du Commandement ; mais ils prétendent que dans le fervice de la Garde, le grade n'a plus de lieu, parce que les Troupes qui partagent la Garde ayant Vôtre Majefté pour feul Commandant, chaque Officier Superieur ne commande qu'à fa Troupe fous vos Ordres, que le Capitaine des Gardes ne commande point aux Brigades de quartier des Gendarmes, & des Chevaux-Legers, & que les Officiers des Gendarmes & des Chevaux-Legers ne commandent point le Guet des Gardes du Corps, d'où ils concluent que les Officiers des deux Compagnies ne peuvent prendre place à la portiere, n'y ayant, difent-ils, ni Commandement ni Troupe, ils ajoûtent qu'à l'Armée un Colonel ne quitte point fon Efcadron, ou fon Bataillon, pour aller prendre la place d'un Officier inferieur, qui feroit à la tête d'un autre Regiment.

Si les Troupes de Vôtre Maifon, SIRE, quand elles font à la guerre, font fujettes à la loi générale, on a peine à comprendre ce qui pourroit les en difpenfer dans le Service de la Garde.

Les Officiers d'un Corps ne commandent point à l'autre, il eft vrai; parce que le Commandement général eft entre les mains de Vôtre Majefté, auffi lorfque les Officiers des deux Compagnies foûtiennent le droit qu'ils ont de marcher à la portiere, Ils ne prétendent point commander les Gardes du Corps, ils ont pour objet de veiller à la fûreté de vôtre Perfonne, & d'être plus à portée de recevoir vos Ordres ; on a prouvé que c'eft par ces feuls motifs, que les Gardes du Corps quittent la tête de leur Troupe, pour s'approcher de Vôtre

Majesté, & qu'ils n'en peuvent avoir d'autres; quelle raison pourroit
éloigner de Vôtre Majesté les Officiers des deux Compagnies, que
les mêmes motifs, comme on l'a aussi démontré, engagent aux mêmes devoirs ? Peut-on raisonnablement leur opposer qu'ils n'ont ni
Troupe, ni Commandement ? les uns & les autres ont Commandement & Troupe, il n'y a donc ni fondement, ni pretexte d'affecter
les places de la portiere aux uns à l'exclusion des autres, & quand l'u-
tilité du Service oblige les Officiers de ces differents Corps de se réü-
nir dans un même poste ; quelle autre Regle, que le grade pourroit
décider de la place & du rang que chacun d'eux y doit occuper ?

Ces principes qui sont également certains dans le Service de la
Garde, & dans la discipline militaire, répondent avec la même so-
lidité à l'exemple qui termine l'Objection ; Un Colonel à l'Armée
ne quitte point son Regiment, parce que l'utilité du Service de la
Guerre exige qu'il y demeure, mais le Service de la Garde demande,
que les Officiers Superieurs des différents Corps qui la composent,
remettent la conduite de leurs Troupes à des Officiers subalternes,
pour être plus à portée de remplir le devoir essentiel qui les atta-
che à la personne de Vôtre Majesté.

On n'imagine pas comment les Officiers des Gardes du Corps
prétendent que pour donner place à la portiere aux Officiers des deux
Compagnies, il faille supposer que le Capitaine des Gardes qui
a l'honneur d'être dans le Carrosse de Vôtre Majesté, perde son
authorité & ses fonctions ; il a toûjours le même commandement, il est toûjours le premier Capitaine de la Garde, la place qu'il
occupe alors est sans doute la premiere, & les Officiers des deux
Compagnies n'ont jamais pensé le contraire ; mais après le Capitaine
des Gardes en quartier, il est juste que les autres Capitaines de la
Garde précedent tous les Officiers sur lesquels ils ont le grade.

Les Gardes du Corps conviennent, S I R E, que les Capitaines-
Lieutenants des deux Compagnies, même les sous-Lieutenants de
vos Gendarmes à cause du titre de Capitaine qui leur est donné par
leurs Brevets, ont le droit de commander toutes les Troupes de vôtre
Maison en l'absence des Capitaines des Gardes, mais ils disent que
cela n'est jamais arrivé.

Il est vrai que le feu Roy étoit dans l'usage de choisir le plus ancien
Officier general entre les Officiers des Gardes du Corps, & qu'il lui
donnoit un Brevet particulier pour commander à l'Armée les Troupes de sa Maison & de sa Gendarmerie ; mais il faut remarquer.

Premierement, que les Capitaines-Lieutenants des Gendarmes, des
Chevaux-Legers, & des Mousquetaires ne servoient jamais à la tête
de ces Corps, & que le feu Roy avoit l'attention de les employer
ailleurs, ou comme Officiers generaux, ou à la tête d'une Brigade
de Cavallerie, s'ils n'étoient que Brigadiers.

En second lieu, que les sous-Lieutenants des Gendarmes avoient toûjours l'honneur des premiers détachements & des premiers services, ce qui prouve le droit naturel qu'ils ont de commander toutes les Troupes de la Maison par préference aux Lieutenants des Gardes du Corps.

En troisiéme lieu, que ce droit établi par des Reglements est appuyé sur des exemples.

Le Marquis de Lignery, qui avoit un Brevet pour commander la Maison du Roy, étant hors de combat par les blessures qu'il avoit reçûës à la Bataille de Nervinde, & dont il mourut, le Comte de Nonant sous-Lieutenant des Gendarmes prit en cette qualité le commandement à sa place.

Avant l'ouverture de la Campagne de 1709. Le Maréchal de Villars qui commandoit l'Armée jugea à propos à cause de la disette des fourrages de faire assembler la Maison du Roy dans deux quartiers différents. Les deux Escadrons de la Compagnie d'Harcourt, ceux des Gendarmes, des Chevaux-Legers, des Mousquetaires, & des Grenadiers à cheval formérent à Carency près d'Arras un Camp, qui fut toûjours aux ordres du Marquis de Volvire second sous-Lieutenant des Gendarmes, quoi qu'il ne fût encore que Meftre de Camp, & qu'il y eût plusieurs Officiers generaux à la tête de ces Compagnies.

Aprés avoir répondu, S I R E, aux objections des Gardes du Corps dans le même rang qu'elles ont été proposées, il ne reste plus que le point de la possession à discuter. Les Officiers des Gendarmes & des Chevaux-Legers rapportent le Certificat d'un grand nombre d'Officiers (a) qui ont servi dans les deux Compagnies ; ils attestent *que dans toutes les occasions où ils se sont trouvez de quartier à la suite du Roy, ils ont toûjours pris leurs places auprès de la portiere du Carrosse où étoit sa Majesté, mêlez avec Messieurs les Officiers des Gardes du Corps, & quelquefois plus près, sans affectation ni dispute ; qu'ils auroient crû manquer à leur devoir de se mettre ailleurs, & qu'ils n'ont jamais regardé cet usage comme une politesse de Messieurs les Officiers des Gardes du Corps, mais comme un droit établi sur la possession continuelle, & sur l'honneur que les Gendarmes & les Chevaux-Legers ont de faire partie de la Garde ordinaire du Roy.*

Ils rapportent encore une lettre du Marquis de Volvire ; par laquelle il declare qu'en 1703. le jour que le feu Roy partit pour aller à Fontainebleau, le quartier des Gendarmes le suivit à l'ordinaire, que le Prince de Soubize après avoir salué le Roy à la tête de sa Troupe, & gagné d'un temps de galop la portiere de la droite, y demeura jusqu'à ce que sa Majesté lui dit de ne pas rester à cheval plus long-temps, & que lui alors Enseigne des Gendarmes, se tint pendant toute la course auprès du Carrosse.

(a) Mrs. de la Mothe Houdancourt, de Lassay, d'Imecourt, de Tressan, du Poulpry, de Saumery, de Vertus, d'Herbouville, du Chaila, d'Angennes, de Volvire, & de Pons.

Dans un Certificat particulier le Marquis de la Salle s'explique en ces termes : *J'ai suivi le Roy dans son voyage de Flandres en qualité de sous-Lieutenant des Chevaux-Legers de sa Garde , j'ay été toûjours à la portiere du Carrosse de sa Majesté , pour recevoir ses ordres , j'ay crû qu'il étoit de mon devoir d'y être , il n'est jamais arrivé aucune difficulté dans tout le voyage entre les Officiers des Gardes du Corps & moy : M. de Soubize & M. de Chevreuse s'y presentoient de temps à autre. Voilà ce que je certifie avoir vû , & qui étoit agréable au feu Roy.*

Les Officiers des Gardes du Corps pour diminuer s'il étoit possible , la force de cette foule de témoignages , disent d'abord que ceux qui les ont donnés ont servi dans les deux Compagnies.

Le soupçon qu'on veut faire naître de cette circonstance est-il fondé ? les Officiers qui ont rendu ces témoignages avoient vendu leurs Charges, la plûpart depuis très long-temps, ils n'avoient , & ne pouvoient avoir aucun interêt à la dispute ; ce sont d'ailleurs des personnes d'un merite distingué , d'une probité reconnuë , & qui par leurs services se sont acquis l'estime & l'approbation generale ; qui croira qu'ils ayent attesté contre une verité qu'ils ne pouvoient ignorer ?

Les Gardes du Corps opposent en second lieu qu'ils pourroient produire des Certificats de leur côté , ils ajoûtent tout de suite que ceux qui sont rapportez par les Officiers des deux Compagnies *ne disent autre chose que ce dont on convient de part & d'autre.*

Sont-ils d'accord avec eux-mêmes , & la contradiction n'est-elle pas évidente ? ils conviennent de la verité de tout ce qui est contenu dans les Certificats dont se servent les deux Compagnies , & cependant si on veut les en croire , ils sont prêts de leur opposer d'autres Certificats absolument contraires.

Mais il ne faut pas se tenir à la rigueur de la lettre , ce qui suit explique leur intention , & quoi qu'il ne s'agisse en cet endroit du Memoire , que de la possession, ils distinguent le droit & le fait , ils nient le droit , & conviennent du fait , ils reconnoissent que leurs Officiers ont couru à la portiere mêlez avec les Officiers des deux Compagnies , mais ils assurent que ceux-cy ne s'y sont presentez que comme Courtisants , & qu'ils n'y ont demeuré que par un effet de leur politesse.

Si cette réponse étoit écoûtée , il n'y auroit plus rien de constant, ni qui pût être décidé par l'usage ; convenir que les Officiers des Gendarmes & des Chevaux-Legers se sont placez à la portiere, c'est avoüer leur possession ; dire que cette possession n'est dûë qu'à la politesse des Officiers des Gardes du Corps , c'est se reduire à en disputer le motif ; mais ceux qui connoissent l'exactitude avec laquelle le service se faisoit sous les yeux du feu Roy , & l'extrême attention que sa Majesté y donnoit, ne se persuaderont jamais que les Officiers

des

des Gardes du Corps euſſent fait les honneurs d'un poſte qui leur fut particulier , que les Officiers des deux Compagnies euſſent quitté le leur pour en prendre un qui ne leur appartint pas , & que le Roy l'eût trouvé bon.

Les Courtiſans n'ont point de place marquée , ils ſe mettent ſans conſequence à portée de faire leur Cour ; il n'en eſt pas de même des Officiers des Gendarmes & des Chevaux-Legers qui portent les habits uniformes de la Garde du Roy , qui approchent de ſa Majeſté avec des piſtolets , qui ſont en fonction , & qui par conſequent doivent avoir des places.

Il eſt difficile de croire que feuë Madame , & Monſieur le Duc d'Orleans ſe ſoient expliquez clairement en faveur des Officiers des Gardes du Corps , comme ils le diſent.

Si Monſieur le Duc d'Orleans par lui-même & par le témoignage de feuë Madame , avoit été perſuadé que les deux Compagnies n'euſ-ſent ni droit ni poſſeſſion , n'auroit-il pas décidé contre-elles ? auroit-il maintenu leurs Officiers par proviſion dans l'uſage où ils préten-doient être ? auroit-il ordonné qu'à la calvacade de Reims , le Prince de Rohan & le Duc de Chaulnes , l'un Capitaine-Lieutenant des Chevaux-Legers , l'autre Capitaine-Lieutenant des Gendarmes , tous deux en habits uniformes , (*a*) marcheroient auprès de Vous , S I R E , avec les Capitaines des Gardes du Corps , pendant que les autres Officiers des Gardes en quartier étoient aſſez loin de Vôtre Majeſté , à la tête du Guet des Gardes du Corps.

(*a*) Extrait du Regiſ-tre des Ceremonies, & Re-lation imprimée du Sacre du Roy , page 37.

Ils oppoſent encore les ordres de marches qui furent obſervez au départ de la Reine de Pologne en 1645. & de la Reine d'Eſpagne en 1679. Ils obſervent que dans ces deux occaſions , il s'éleva un diffe-rend entre les Officiers des Gardes du Corps , & les Gouverneur , Prevôt des Marchands , & Echevins de la Ville de Paris au ſujet des places qu'ils devoient occuper, que les Officiers des deux Compagnies n'y prirent aucune part , qu'ils n'en eurent point à la déciſion , que s'ils avoient eû le droit d'occuper des places à la portiere , ils ſe-roient intervenus , & qu'ils auroient été nommez dans le jugement.

Il n'étoit pas neceſſaire que les Officiers des Gendarmes & des Chevaux-Legers ſe rendiſſent partie dans une pareille conteſtation , les Gardes du Corps qui avoient formé la diſpute y deffendoient les interêts de la Garde , & la déciſion ne pouvoit regler la marche des uns , ſans regler en même-temps la marche des autres.

Mais pour achever de détruire ce raiſonnement il faut ajoûter quelques obſervations.

La premiere qui concerne le départ de la Reine de Pologne en 1645. eſt que ſuivant l'ordre de marche , (*b*) il paroît que les Offi-ciers des Gardes du Corps marchérent derriere le Caroſſe , en voicy les termes : *Les Gouverneur , Echevins , Procureur du Roy , & Re-*

(*b*) Regiſtres de l'Hô-tel de Ville , & Relation dans le grand Ceremo-nial.

E

ceveur de la Ville, devant & au côté du Carroſſe de leurs Majeſtez ; der-
riere le Carroſſe les Officiers des Gardes du Corps & Ecuyers de leurs
Majeſtez ; la Compagnie des Gendarmes. Les Officiers des Gardes du
Corps n'étant point à la portiere, les Officiers des deux Compagnies
ne devoient point y avoir de place.

La ſeconde Obſervation regarde le fait de 1679 ; c'eſt que les Gendarmes & les Chevaux-Legers ne pouvoient prendre part, ni à la conteſtation, ni à la déciſion, parce qu'ils n'eurent pas l'honneur d'ac-
compagner la Reine d'Eſpagne à ſon départ de Paris.

Cependant le nouveau Memoire rapporte *en Lettres Italiques*, un
prétendu Reglement, que les Gardes du Corps diſent avoir été fait à
cette occaſion, & par lequel ils avancent, qu'il fut ordonné, que
leurs Officiers ſe placeroient à la portiere, & que ceux des Gendarmes & des Chevaux-Legers marcheroient à la tête de leur Troupe.

Il ſeroit ſingulier, qu'on eût fait un Reglement, pour déterminer
au départ de la Reine d'Eſpagne de Paris, la marche des Troupes qui
n'y devoient pas être, & qui n'y étoient pas en effet ; auſſi les Officiers des deux Compagnies, SIRE, oſent-ils aſſurer, que ce Reglement n'a jamais exiſté, les Regiſtres publics en font foi, les Extraits
en ont été remis au Marquis de Breteüil, qui en fera le rapport à Vôtre Majeſté.

Il y a ſans doute de la mépriſe de la part des Gardes du Corps ; au-
roient-ils confondu le départ de la Reine d'Eſpagne de Paris, où les
Gendarmes & les Chevaux-Legers n'étoient point, avec le départ de
Fontainebleau, où ſe trouverent les Brigades de quartier des deux
Compagnies à la ſuite du feu Roi, qui accompagna la Reine d'Eſpagne juſqu'au bout de la Foreſt : C'eſt encore ce qu'on ne peut croire
par deux raiſons.

La premiere, qu'à l'occaſion du départ de la Reine d'Eſpagne de
Fontainebleau, il ne fut fait aucun Reglement, mais une ſimple Relation.

La ſeconde, que les termes que rapportent les Gardes du Corps
dans leur Memoire ne ſe concilieroient point avec ceux de la Relation (*a*)

Si l'on confere l'Extrait ici tranſcrit à la marge, avec les termes
rapportez dans le Memoire des Gardes du Corps, il n'y a perſonne,
qui n'en apperçoive la difference, & qui ne ſoit convaincu, que ce
n'eſt ni un Reglement, ni un ordre de marche, mais une ſimple
Relation.

Si c'eſt de cette Relation, que les Officiers des Gardes du Corps
veulent ſe ſervir, outre qu'une pareille piece ne peut jamais faire un
titre, celle-ci eſt ſi défectueuſe qu'on ne peut raiſonnablement s'y
arrêter.

1º. On ne doit pas dire qu'elle mette les Officiers des deux Com-

(*a*) Les deux Compa-
gnies des Mouſquetaires à
cheval avec leurs Officiers
à leur tête, 55. Chevaux-
Legers de la Garde, leurs
Trompettes & Timbales
à leur tête. Le Carroſſe du
Roy, le Duc de Luxem-
bourg Capitaine des Gar-
des du Corps à cheval à
la portiere du côté droit,
& le Marquis de Tilla-
det Capitaine des cent
Suiſſes du meme côté,
les Officiers des Gardes
marchoient à gauche, le
Carroſſe étoit ſuivi de
cent Gardes du Corps &
de cinquante Gendarmes
qui fermoient la marche.

pagnies à la tête de leur Troupe, puisqu'elle ne fait nulle mention d'eux.

2º. La même Relation place le Duc de Luxembourg à la portiere droite, & tous les autres Officiers des Gardes du Corps à gauche, il est contre la vrai-semblance & l'usage, que le Capitaine des Gardes marche seul d'un côté, & que tous les Officiers marchent de l'autre.

3º. Elle rapporte que le Marquis de Tilladet, Capitaine des cent Suisses étoit à cheval à la portiere droite, quoiqu'il n'y eût aucun détachement des cent Suisses à la suite du Roy, & que leur Capitaine n'ait aucune fonction dans la Garde à cheval.

Il n'est pas extraordinaire, que ces sortes de Relations, sur certains détails, qui ne regardent que le Service des Troupes, s'écartent de l'exactitude qui s'y trouve communément en fait de cérémonies. L'entrée de Vôtre Majesté à Reims au mois d'Octobre 1722, en fournit un exemple bien récent, la Relation ne dit pas un mot des Officiers des Gendarmes & des Chevaux-Legers; cependant ils y étoient à droite & à gauche du Carrosse de Vôtre Majesté, avec ceux des Gardes du Corps. Le fait est trop récent, pour qu'il puisse être revoqué en doute.

Si dans 50 ans les Officiers des Gardes du Corps vouloient se faire un titre de cette Relation, n'y répondroit-on pas avec raison comme l'on fait aujourd'hui à celle de 1679.

Les Officiers des deux Compagnies, SIRE, voyent avec une surprise extrême, que l'on insiste encore à soûtenir, que le Reglement fait pour la marche des Troupes de la Garde qui suivirent Vôtre Majesté au Parlement, lors de la Declaration de sa Majorité, attribuë les places de la portiere aux Officiers des Gardes du Corps, à leur exclusion.

Si cela étoit la contestation seroit jugée, cependant elle ne l'est pas puisque Vôtre Majesté doit la décider dans son Conseil des dépêches; mais afin de lever tous les doutes sur les inductions que les Gardes du Corps veulent tirer de ce Reglement, voici quels en sont les termes : ils sont coppiés sur l'Extrait du Regiftre des cérémonies. On a eu l'attention de n'y rien changer, pas même à la disposition des lignes & des virgules. (a)

Il n'est pas dit un mot dans ce Reglement des places de la portiere, loin qu'elles y soient affectées aux Officiers des Gardes du Corps, & qu'il leur soit prescrit d'occuper l'entour & le derriere du Carrosse, comme ils l'avancent, il leur est ordonné de se tenir derriere le Carrosse avec les Gardes du Corps de quartier, les termes en sont précis, & ne peuvent être susceptibles de deux sens.

Il est vrai que les regardans comme des expressions d'ancien style, & sans doute pour ne pas confier la garde de la portiere aux seuls Valets de Pied, les Officiers des Gardes du Corps prirent place à

(a) Les Trompettes sonnantes.

Quatre Chevaux-Legers.

Le Carrosse du Roy attellé de huit chevaux, dans lequel seront avec sa Majesté, M. le Duc d'Orleans, & les Princes du Sang.

Autour du Carrosse les Valets de pieds.

Derriere le Carrosse les Ecuyers du Roy à cheval, les Officiers des Gardes du Corps & les Gardes du Corps de quartier.

Le quartier des Gendarmes les Officiers à la tête.

droite & à gauche du Carroſſe de Vôtre Majeſté ; mais les Officiers des Gendarmes & des Chevaux-Legers s'y placérent avec eux ; ainſi le Reglement ne prouve rien , & la maniere dont il a été executé confirme la poſſeſſion des deux Compagnies.

Les Gardes du Corps obſervent que les cas où les Brigades de quartier des deux Compagnies peuvent être auprès de Vôtre Majeſté ne ſont pas infinis ; ils ajoûtent que dans les grandes Ceremonies les Officiers marchent à la tête de leurs Brigades , d'où ils concluënt que pour leur donner place à la portiere dans les voyages, il faudroit introduire des regles nouvelles.

Les Officiers des deux Compagnies ne prétendent introduire aucune nouveauté ; ils ne reclament que l'uſage tel qu'il a toûjours été obſervé dans le ſervice de vôtre Maiſon.

S'ils n'ont pas l'honneur de vous ſuivre dans l'uſage journalier , il ne s'enſuit pas que lorſqu'ils ſe trouvent dans leurs fonctions, ils doivent être privez des avantages qui y ſont attachez.

Si quelquefois dans les grandes Ceremonies on voit les Officiers des Gendarmes & des Chevaux-Legers à la tête de leur troupe , on voit auſſi les Officiers des Gardes du Corps à la tête de la leur ; ils executent en cela les ordres du Roy. Mais on ne trouvera aucun Reglement , aucun ordre de marche , qui placent à la portiere les Officiers des Gardes du Corps , & ceux des deux Compagnies à la tête de leurs quartiers.

Ce n'eſt pas un inconvenient , S I R E , de laiſſer la conduite des troupes de la Garde à des Officiers ſubalternes , pendant que les Officiers ſuperieurs veillent à la ſeureté de vôtre Perſonne ; ceux des Gardes du Corps en uſent ainſi ; on ne voit pas pourquoi ce qui eſt de l'exactitude du ſervice de leur part , offenſeroit la regle, quand les Officiers des deux Compagnies ſe conforment à leur exemple.

Cela s'eſt toûjours pratiqué ſans trouble ; il n'y en auroit jamais eû, ſi pour la premiere fois au voyage de Reims, les Officiers des Gardes du Corps n'avoient pas jugé à propos d'interrompre l'uſage, C'eſt le ſeul inconvenient qui ſoit arrivé juſques à preſent ; falloit-il pour parer à des inconveniens futurs & imaginaires , en faire naître de preſents & de réels ?

Les Gendarmes & les Chevaux-Legers ſont bien éloignez de rien diſputer aux Mouſquetaires, le mêlange des Officiers ſuperieurs de ces differents Corps n'a jamais cauſé de confuſion , ils ſont beaucoup plus propres à l'empêcher qu'à la produire.

L'inquiétude des Gardes du Corps ſur les prétentions que pourroient avoir un jour les Gendarmes Ecoſſois paroît ſinguliere. Ils tiennent un rang conſiderable entre les Compagnies d'Ordonnance ; mais avant que de pouvoir prétendre aux places de la portiere ,

ils

ils faudroit qu'ils fuſſent admis à la Garde ordinaire du Roy.

L'exemple du Colonel des Gardes Françoiſes, c'eſt-à-dire du Commandant d'un corps d'Infanterie, dont le devoir eſt de demeurer fixe dans le poſte qui eſt commis à ſa Garde, ne peut s'appliquer à une troupe de Cavalerie, chargée de vous garder, SIRE, dans toutes les marches dans leſquelles elle a l'honneur de ſuivre Vôtre Majeſté.

Le Capitaine des cent Suiſſes ne peut jamais conteſter aux Officiers des Gardes du Corps la place derriere le Roy, puiſqu'elle leur eſt affectée par des Reglements particuliers ; mais il a auſſi une place fixe auprès de Vôtre Majeſté, dans laquelle il ne peut être coupé par aucun Officier des Gardes du Corps. Il marche, SIRE, immediatement devant Vous, & lorſque Vôtre Majeſté, & les Officiers de ſa Garde ſont à pied, quoi qu'en certaines occaſions la Compagnie des cent Suiſſes marche entiere, leur Capitaine les laiſſe conduire par les autres Officiers : il ne quitte point ſon poſte, & demeure toûjours auprès de vôtre Perſonne.

C'eſt parce que les cent Suiſſes ont des fonctions communes dans la Garde à pied avec les Gardes du Corps, que ce poſte a été accordé à leur Capitaine. Pourquoi donc refuſer aux Capitaines-Lieutenants des deux Compagnies, qui partagent avec les Gardes du Corps les fonctions de la Garde à cheval, les places qu'ils y ont toûjours eû auprès de Vôtre Majeſté ?

Si ſur la difficulté faite au Capitaine des cent Suiſſes par les Gardes du Corps, le feu Roy lui conſerva le droit de marcher auprès de ſa Perſonne, cette déciſion ne forme-t-elle pas un préjugé déciſif en faveur des Gendarmes & des Chevaux-Legers ?

Mais ils n'ont beſoin, SIRE, pour obtenir la juſtice qu'ils demandent, que du ſecours & de l'autorité des principes qu'ils ont établis.

Il eſt démontré qu'ils font partie de la Garde ordinaire de Vôtre Majeſté, & que toutes les fois que leurs fonctions les attachent auprès de vôtre Perſonne, ils n'en répondent pas moins que les Gardes du Corps.

Si vôtre ſeureté, SIRE, ſi la diligence qu'on doit toûjours apporter à l'execution de vos ordres, obligent les Officiers des Gardes du Corps de s'approcher de vôtre Perſonne le plus près qu'il eſt poſſible, ces motifs ſont communs aux Officiers des deux Compagnies, & leur impoſent la même obligation ; nul titre n'attribuë les places de la portiere aux uns à l'excluſion des autres, ils ne les doivent qu'à la nature de leurs fonctions, & lorſqu'ils ſe trouvent raſſemblez, le grade ne décide-t-il pas abſolument du rang qu'ils doivent tenir entr'eux.

La préférence du grade eſt une maxime inviolable de la diſcipline militaire, elle ne pourroit recevoir d'exception qui ne fût émanée de l'autorité ſouveraine, & cette exception ne ſe trouve nulle part.

F

Le grade entre les Officiers des differentes Compagnies qui parti-cipent à la Garde de Vôtre Majefté, eft fixé par le Reglement de 1665. Ce Reglement eft general pour toutes les occafions où ils peuvent fe rencontrer, le fervice de la Garde n'en eft point excepté; & comment ce qui fait loi pour tous les Corps, & les Officiers de la Maifon du Roy quand ils font réünis, cefferoit-il d'être loi pour une partie des mêmes Corps & des mêmes Officiers qui fe trouvent enfemble.

Il faut donc que les Officiers des Gardes du Corps reconnoiffent toute l'autorité du Reglement de 1665. ils lui doivent le premier rang, refuferoient-ils de fe foûmettre aux autres difpofitions qu'il renferme.

Les Gardes du Corps & leurs Officiers à pied ou à cheval, n'ont qu'une feule place qui leur foit particuliere, c'eft celle derriere le Roy : on ne demande point à la partager avec eux, elle leur eft affe-étée par des Reglemens précis, s'ils occupent d'autres places, ce ne peut être à l'exclufion de ceux que leurs charges ou leurs fonctions mettent en droit de les remplir.

Le fervice journalier des Gardes du Corps ne peut faire la regle de celui qu'ils partagent avec les autres troupes de la Garde; on l'a démontré par l'exemple des quatre Gardes du Corps, qui quittent la tête du Carroffe du Roy quand les Chevaux-Legers entrent en fon-ctions.

Le même exemple prouve auffi que les Gardes du Corps peuvent entourer le Roy quand ils font feuls, mais qu'ils ne l'entourent ja-mais quand toute la Garde eft affemblée.

Ils n'ont donc point de droit exclufif à la portiere; auffi les Offi-ciers des deux Compagnies y ont-ils toûjours pris place avec eux : cette poffeffion certaine, foûtenuë des témoignages les plus authenti-ques, avoüée par les Officiers des Gardes du Corps, feroit feule dé-cifive en faveur des Gendarmes & des Chevaux-Legers.

Mais ils joignent à cette poffeffion l'autorité des Reglemens, ils ne demandent rien de nouveau, il ne s'agit que de les maintenir dans un rang où le feu Roy les a vûs, dans lequel il les a laiffez, un rang conforme aux regles de la difcipline Militaire, un rang qu'ils ont fans conteftation dans le fervice de Vôtre Maifon à l'Armée, & qui ne leur a jamais été contefté dans le fervice de la Garde qu'au voyage de Reims.

Ce feroit révoquer en doute Vôtre Juftice, SIRE, que de ne pas compter fur un jugement qui les y confirme.